Ludwig van Beetho
(1770–1827)

Sonaten

für Klavier · for piano · pour piano

III

Urtext

Herausgegeben von · Edited by · Edité par
István Máriássy & Tamás Zászkaliczky
K 108 & 109
Könemann Music Budapest

INDEX I

INDEX II

INDEX III

INDEX IV

Sonate

pour le pianoforte

Op. 31., No. 1.
1801 - 02

46
f
f
53
p
f
p
60
cresc.
66
p
71
f
76
sf
sf

81
sf
86
p
91
cresc.
96
f
p
101
pp
cresc.
107
p
f

114
p
f
122
p
f
130
136
f
141
tr
146
sf
tr

151
156
161
166
172
182

193
ff
p
f
202
p
f
p
f
211
p
cresc.
p
220
f
227
cresc.
ff
233
p

240
f
sf
246
sf
sf
252
p
258
cresc.
264
f
p
270
pp
cresc.
p

277
ff
284
289
sf
sf
sf
295
p
pp
sempre pp
3
3
306
3
3
316
ff
ff
1
p

Adagio grazioso
tr
p
4
sf
7
10
leggieramente
12
leggieramente
14
pp

17
cresc.
sf
pp
20
cresc.
sf
p
23
tr
26
tr
p
27
tr
tr

cresc.
sf
p
cresc.
sf
p
pp
pp
cresc.
f
dim.
fp
fp

44
fp
46
fp
48
fp
50
fp
52
cresc.
f
54
dim.
pp

58
sf
sf
sf
62
dim.
cresc.
65
tr
p
67
tr
69
cresc.
sf
71
3
3

73
1 3 1 3 1 3 1 3 1
tr
leggieramente
75
tr
leggieramente
77
sf
79
pp
81
pp
cresc.
sf
p
pp

84
pp
sf
86
p
89
tr
p
cresc.
p
cresc.
dim.

91
tr
p
93
tr
95
cresc.
f
dim.
97
p
cresc.
sf
pp
99
tr
cresc.
sf
102
pp
tr

105
tr
cresc.
f
tr
108
tr
110
tr
tr
sf
112
sf
sf
sf
114
decresc.
pp
117
cresc.
sf
p
pp

Allegretto
p
sf
cresc.
f
p
cresc.
sf
f
p
cresc.
sf
f
sf
cresc.
f

30
p
34
p cresc.
sf
38
p cresc.
sf
42
fp
cresc.
46
p
sf
50
sf
p

54
cresc.
sf
57
p
cresc.
60
f
sf
p
f
sf
63
p
dim.
fp
66
p
69

72
cresc.
f
76
p
cresc.
f
80
p
84
cresc.
88
f
sf
94
sf
sf
p

99
102
107
111
116
120

124
decresc.
p
fp
fp
128
fp
dim.
132
136
140
cresc.
sf
p
144
cresc.
sf
p

148
152
155
cresc.
f
p
6
159
cresc.
p
6
163
166

169
cresc.
173
sf
p cresc.
sf
sf
177
sf
fp
cresc.
181
fp
184
fp
sf
187
sf

190
sf
193
p
cresc.
196
sf
sf
sf
199
sf
sf
202
p
sf
sf
205
sf
fp

210
cresc.
215
sf
sf
fp
219
cresc.
p
225
Adagio
Tempo I
cresc.
233
Adagio
cresc.
rf
p
fp
pp

241
Presto
cresc.
tr
f
248
p
254
f
260
p
pp
cresc.
266
ff
ff
f
f
1
f
f
1
p
p
pp
pp

Sonate

pour le pianoforte

Op. 31., No. 2.
1801 - 02

cresc.

59
sf
decresc.
p
66
ff
[p]
72
cresc.
77
82
p cresc.
88
1.
2.
Largo
pp
Ped.

95
Allegro
pp
Ped.
ff
100
p
f
104
[f]
108
sf
112
116

dimin.
Largo
con espressione e semplice
Allegro
cresc.
Adagio
Largo
con espressione e semplice

159
Allegro
pp
cresc.
3
6
sf
165
170
[p]
175
cresc.
180
f
185
dimin.
p

193
sf
ff
p
200
cresc.
205
210
215
p cresc.
pp
Ped.
221

Adagio

28
dimin.
cresc.
31
p dolce
cresc.
35
p
cresc.
p
p
pp
3
3
39
cresc.
42
sf
decresc.
p
47
cresc.
sf
p
cresc.
tr

51
53
sf
55
sf
57
f
f
p
p
59

63
cresc.
p
cresc.
67
f
p
70
decresc.
cresc.
73
[p]
cresc.
77
p
cresc.
p
pp
pp

81
sf
cresc.
85
p
cresc.
sf
p
cresc.
sf
sf
89
cresc.
sf
p
94
sf
sf
p
sf
p
99
tr
tr
cresc.
p
p

Allegretto
p
6
cresc.
dim.
12
p
cresc.
f
p
cresc.
18
dim.
p
cresc.
f
sf
24
p
cresc.
f
sf

29
p
cresc.
f
34
sf
39
sf
f
44
sf
dim.
49
p
f
54
sf
dim.
p

59
cresc.
f
65
p
71
cresc.
p
77
cresc.
83
sf
sf
89
sf
sf
p
cresc.

95
p
f
101
p
107
f
113
119
125

131
137
143
ff
149
p
155
cresc.
161

167
173
179
185
191
198

205
212
dimin.
pp
218
cresc.
224
decresc.
cresc.
230
cresc.
236
cresc.
cresc.

243
f
sf
249
sf
255
261
sf
267
f
sf
274
sf
decresc.
p
f

281
sf
dim.
p
cresc.
288
f
295
p
cresc.
p
302
309
sf
316
sf
sf
sf

323
cresc.
330
p
cresc.
336
dim.
342
cresc.
dim.
348
pp
ff
sf
sf
sf
354
sf
sf
sf
sf
p
cresc.

360
dim.
p
cresc.
f
367
p
cresc.
dim.
p
cresc.
sf
374
p
cresc.
f
sf
p
cresc.
380
ff
3
3
p
386
393
cresc.
p
3

Sonate

pour le pianoforte

Op. 31., No. 3.
1801 - 02

42
p
f
48
52
5
12
55
3
59
63
tr

tr
cresc.
sf
p
f
fp
ritar - - dan - - do
a tempo

103
tr
tr
107
p
111
f
115
tr
p
119
f
123
f
tr
f
tr

127
tr
sf
p
133
cresc.
p
139
ritar - - dan - - - - - do
a tempo
cresc.
sf
p
145
ritar - dan - do
cresc.
sf
152
a tempo
p
157

161
p
165
cresc.
f
f
f
p
170
173
176
5
12
179
3

183
187
191
tr
cresc.
196
f
p
202
cresc.
207
fp

213
p
cresc.
f
p
221
cresc.
ritar - - dan - - do
a tempo
229
cresc.
sf
p
cresc.
ritar - - - - dan - - do
a tempo
236
p
p
243
p
cresc.
p
cresc.
248
cresc.
p
f

Scherzo

Allegretto vivace

36
ff
p
41
46
decresc.
pp
51
sempre stacc.
56
pp
cresc.
61
1.
2.
p
decresc.

64
p
69
74
sf
79
sf
sf
cresc.
p
84
5
cresc.
6
sempre stacc.
89
tr
p
f
p

93
f
p
96
sf
sf
sf
sf
sf
101
ritar - dan - do
decresc.
a tempo
106
sf
sf
sf
111
sf
p
tr
tr
118
poco ritard.
a tempo
cresc.
f
sf
sf p
5

125
sempre staccato
130
pp
tr
136
poco ritard.
a tempo
ff
p
142
ff
p
146
cresc.

150
154
decresc.
pp
sempre staccato
158
pp
162
cresc.
166
decresc.
pp

Menuetto

Moderato e grazioso

cresc.
tr
Coda
decresc.
ca - lan - do

Presto con fuoco
p
7
f
13
sf
sf
20
p
27
cresc.
34
f
sf

41
sf
sf
48
54
sf
sf
sf
sf
sf
60
tr
p
67
73
cresc.
ff
1.
sf
p

78b
2.
sf
ff
sf
p
fp
86
92
sf
sf
sf
ff
98
sf
sf
sf
105
ff
ff
111
ff

116
ff
fp
122
fp
f
128
f
134
140
cresc.
146
ff

152
p
cresc.
ff
160
p
cresc.
sf p
167
pp
f
[p]
174
181
[f]
sf
188
sf
p

195
202
cresc.
209
f
sf
216
f
f
223
230
sf
sf
sf
sf
sf

237
tr
p
244
250
257
fp
264
p
cresc.
272
non ligato
decresc.
pp
280

287
294
cresc.
301
309
poco ri - tar - dan - do a tempo
317
cresc.
325

Sonate facile

pour le pianoforte

Op. 49., No. 1.
1795 - 98

Andante

19.

dolce

Rondo
Allegro

32
dolce
37
42
47
52
57

62
f
68
p
f
72
p
sf
sf
76
sf
f
pp
81
sf
87

93
99
dolce
105
111
117
123

129
135
f
p
141
p
f
sf
p
f
sf
p
147
fp
p
153
p
159
ff

Sonate facile

pour le pianoforte

Op. 49., No. 2.
1795 - 96

53
57
62
67
tr
73

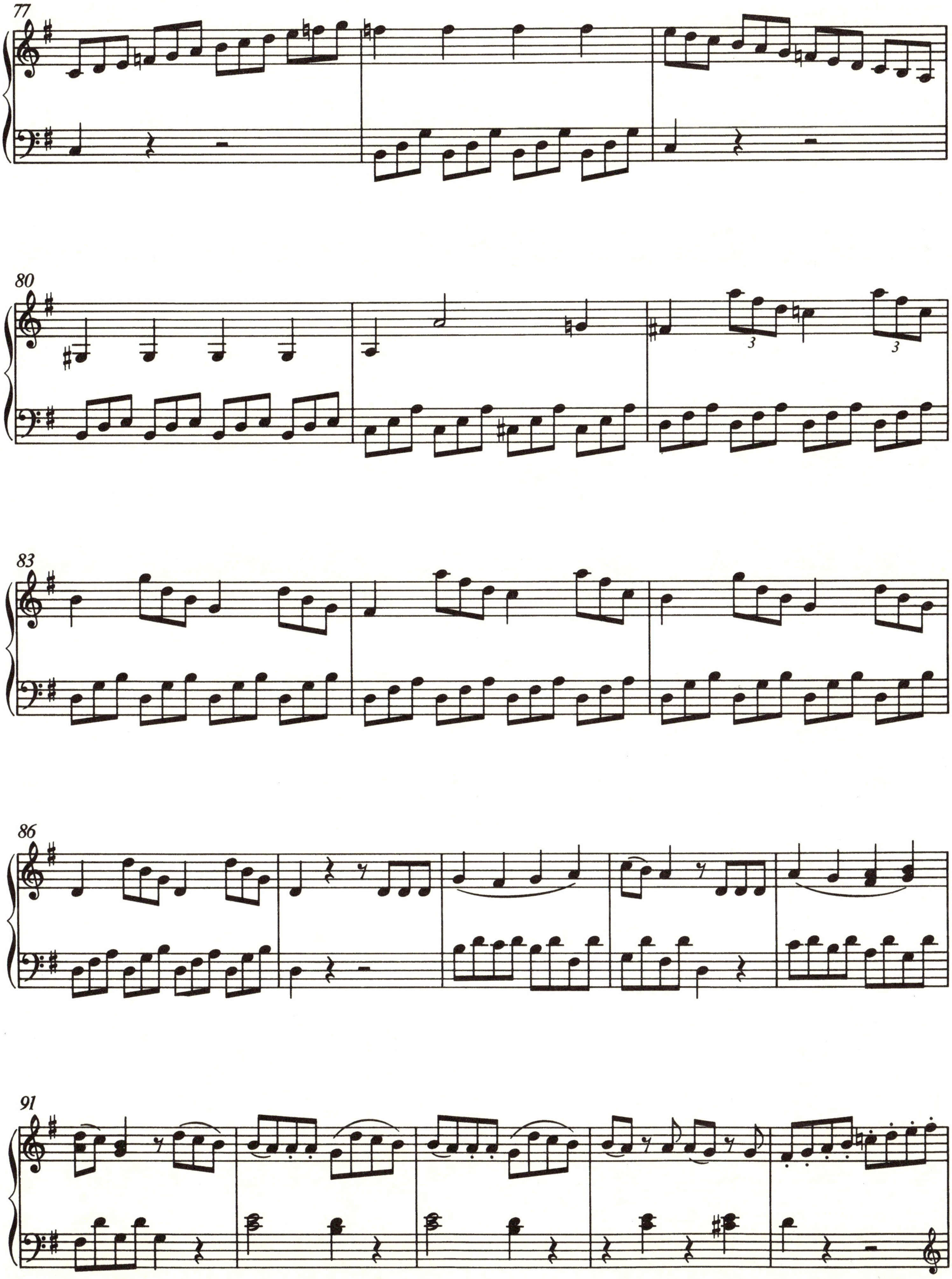
77
80
83
86
91

96
101
106
tr
110
114
118

Tempo di Menuetto

37
43
pp
49
56
62
68

76
84
pp
92
100
107
115

Dem Grafen Ferdinand von Waldstein gewidmet

Grande Sonate

pour le pianoforte

Op. 53.
1803 - 04

20
cresc.
23
p
26
cresc.
f
sf
29
decresc.
33
p
dolce e molto ligato
cresc.
38
sf
p
cresc.
p

43
dolce
cresc.
46
sf
p
cresc.
50
f
54
decresc.
58
cresc.
f
61
ff

64
sf
sf
67
sf
sf
p
fp
70
decresc.
pp
cresc.
tr
73
fp
77
fp
82
cresc.
p
cresc.
p
1. pp

86b
2.
cresc.
p
cresc.
p
pp
92
96
cresc.
99
f
p
102
cresc.
f
pp
105

108
cresc.
111
f
114
117
120
123

126
130
134
f
p
138
f
p
decresc.
142
pp
145
cresc.
3

148
151
f
154
sf
sf
ff
f pp
158
pp
162
cresc.
166
f
sf
decresc.
p
pp

171
pp
174
f pp
177
pp
180
cresc.
183
p
186
cresc.

189
f
sf
sf
sf
decresc.
193
p
dolce
cresc.
199
p
cresc.
p
3
3
dolce
205
cresc.
sf
208
cresc.
211
f

215
decresc.
218
cresc.
221
f
ff
224
227
sf
sf
sf
sf
p
fp
230
decresc.
pp

233
cresc.
tr
fp
237
fp
241
cresc.
p
cresc.
p
247
cresc.
p
pp
252
f
p
f
sf
sf
256
sf
sf
ff
f pp

260
cresc.
pp
264
pp
268
cresc.
271
f
sf
274
ff
f
277
fp

Introduzione

Adagio molto

11
p
rinforzando
sf sf
decresc. p
14
cresc. sf
sf
p cresc. sf
decresc.
18
cresc.
pp
cresc.
pp
cresc.
22
sf
sf
decresc.
sf
sf
25
pp
sf
Attacca subito il Rondo

Rondo

Allegretto moderato

31
sempre pp
37
43
cresc.
49
p
decresc.
cresc.
tr
55
ff
60
f

66
71
sf
sf
76
sf
sf
sf
sf
sf
81
sf
sf
sf
sf
86
ff
sf
p
ff
92
sf
p
decresc.
pp
f
Ped.

99
sf
p
ff
Ped.
109
decresc.
pp
sempre pp
117
123
129
136
cresc.

142
decresc.
sempre pp
148
154
160
cresc.
p
decresc.
pp
cresc.
166
tr
ff
171
ff
sempre f

176
181
185
188
191
195
sf

199
202
205
ten.
sf
208
ten.
sf
211
sf
sf
ff
215
ff
decresc.
p

221
ff
sf
p
ff
sf
p
229
ff
sf
p
decresc.
pp
237
cresc.
sf
243
p
cresc.
sf
p
249
sempre pp
254
sempre pp

258
262
sempre pp
267
pp
272
277
282
f
decresc.
Ped.

287
sempre pp
Ped.
Ped.
Ped.
292
Ped.
Ped.
f
sf
297
sf
sf
decresc.
302
p
decresc.
pp
307
sempre più
pp
312
f
ff
Ped.

316
321
sf
p
Ped.
326
sf
p
cresc.
331
p
decresc.
pp
tr
cresc.
336
tr
ff
Ped.
340
tr
ff
Ped.

344
sempre f
348
352
sempre più f
355
358
sf
361
sf
sf
sf
sf

364
368
372
376
cresc.
sempre
383
decresc.
393
attacca subito il Prestissimo

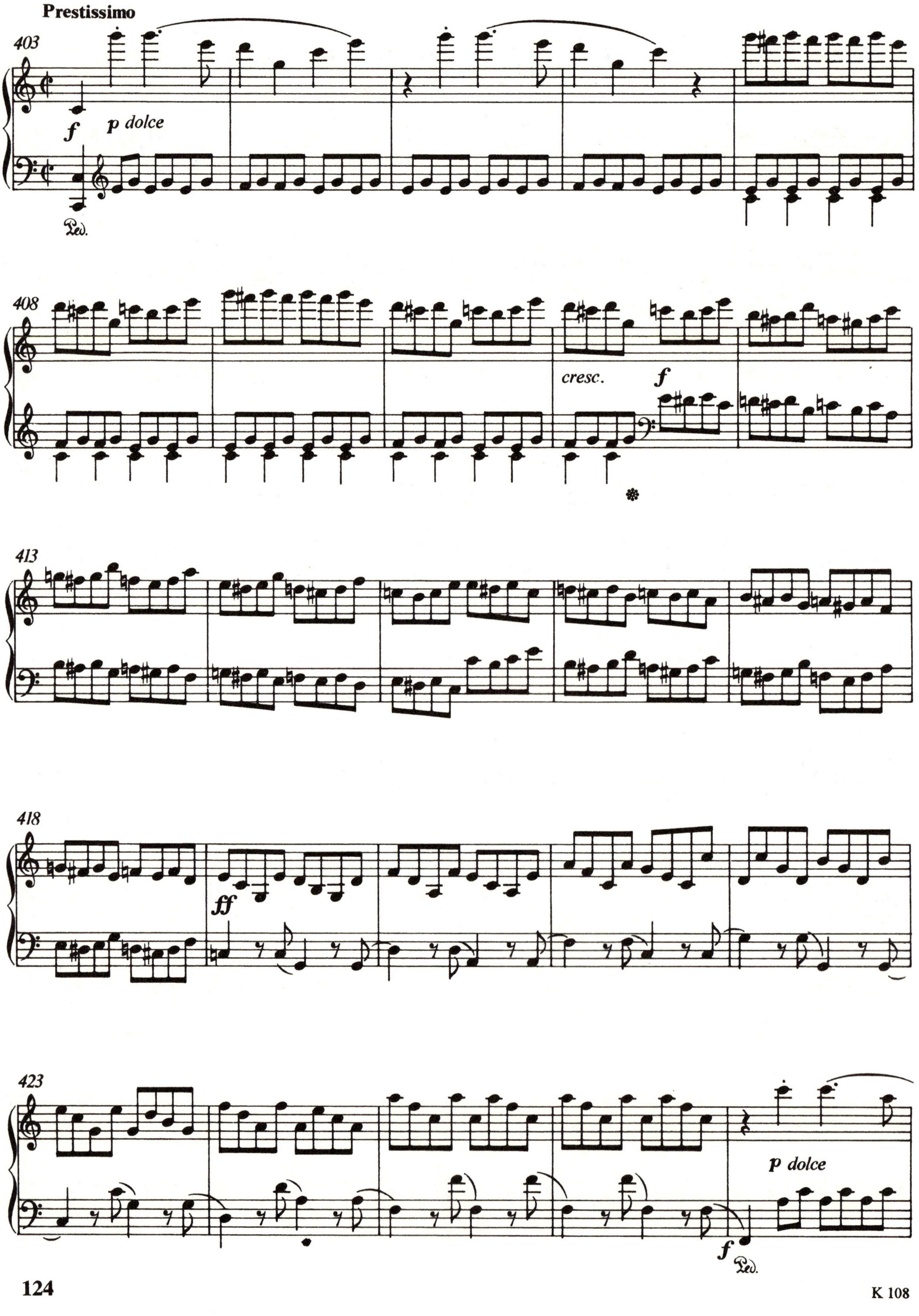
Prestissimo
403
p dolce
408
cresc.
413
418
423
p dolce

428
pp sempre
f
p
Ped.
434
441
ff
sf
Ped.
447
453
pp
459
ppp

465
pp
470
pp
475
cresc.
tr
f
decresc.
480
*)
p
cresc.
pp
487
493
Ossia:
(Beethoven)

499
tr
tr
pp
505
cresc.
513
ff
sf
p
521
cresc.
527
f
534
decresc.

Sonate

pour le pianoforte

Op. 54.
1804

23
sempre forte e staccato
27
30
33
36
sempre forte
e staccato

39
3
43
sf
47
sf
sf
51
sf
sf
sf
p
55
decresc.
60
pp
cresc.
3
p
pp

66
p
71
sf
76
sf
81
cresc.
sf
p
tr
86
90
cresc.
sf
sempre forte
e staccato
f
3

94
98
102
107
111

115
cresc.
119
sf
p
122
125
cresc.
128
sf
131
fp
tr
mezza
voce

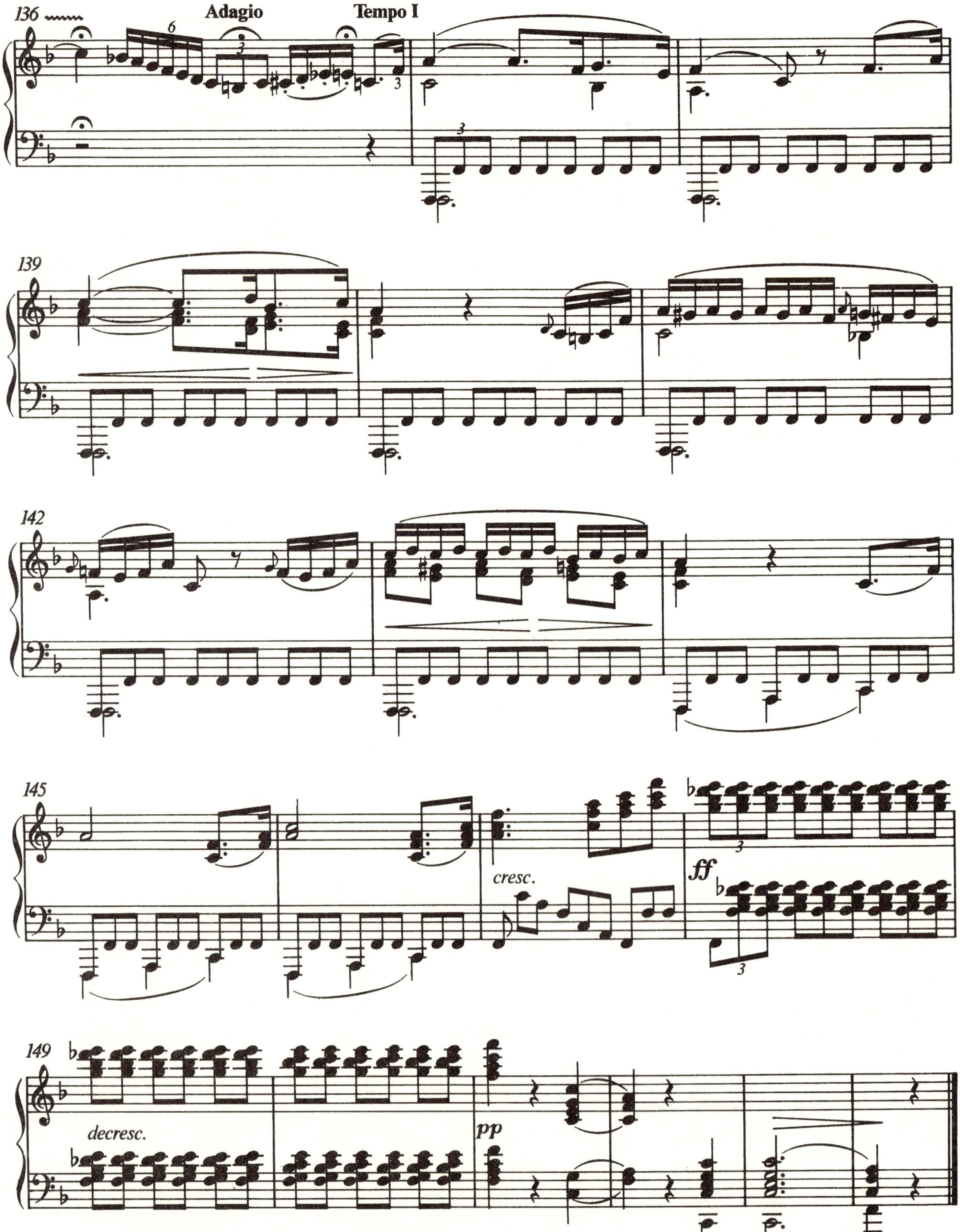
136
Adagio
Tempo I
139
142
145
cresc.
ff
149
decresc.
pp

Allegretto
dolce
dolce
sfp
5
sfp
sfp
9
cresc.
13
sf
cresc.
sf
sf
sf
sf
17
p
cresc.
p
decresc.
1.
p

20b
2.
tr
p
sfp
25
sfp
29
33
p
cresc.
37
f
sf
sf
sf
sf

41
sf
sf
sf
sf
45
f
p
sfp
49
f
sf
p
53
f
p
57
f

61
cresc.
65
ff
p
ff
p
69
sf
sf
sf
sf
73
ff
p
77
espress.

81
espress.
85
89
93
cresc.
97
f
101
p
f
p

106
111
cresc.
decresc.
p
cresc.
116
f
121
p
cresc.
126
p
cresc.
f
sf
131
sf
sf
p

136
141
cresc.
145
sfp
sf
149
sf
sf
sf
ff
p
153
158
cresc.
tr
1.
pp

162b
Più Allegro
2.
167
sf
171
176
sf
180
ff
sf
184
ff
sf

Dem Grafen Franz von Brunsvik gewidmet

Sonate

pour le pianoforte

Op. 57.
1804 - 05

Allegro assai

17
ff
p
20
tr
ff
p
ff
23
p
tr
26
sfp
29
sfp
dimin.

25
tr
sf
29
cresc.
33
f
37
41
45

47
50
f
52
ff
54
sf
f
56
ff
58
sf
sf
sf

60
ff
[p]
sfp
62
sfp
sfp
64
dimin.
pp
67
tr
71
tr
tr
sf
75
tr
p
sf
p
f

79
81
83
85
87

89
91
sf
sf
sf
sf
sf
93
fp
p
96
sfp
99
sfp
dimin.
102
pp

105
cresc.
108
f
p
111
cresc.
f
p
114
cresc.
117
f
sempre più f
120

123
ff
Ped.
125
sempre Ped.
127
sempre Ped.
129
ff
131
133
p dimin.
pp

136
tr
139
142
tr
tr
145
tr
148
cresc.
f
f
f
151
p
pp
ff
p

155
tr
ff
p
ff
158
p
tr
ff
p
tr
161
tr
ff
f
sf
p
164
sfp
167
sf
170
dimin.
pp
pp

174
dolce
177
cresc.
180
p
f
p
tr
tr
tr
pp
187
190
f
192
ff
sf

194
f
196
sf
198
sf
sf
ff
200
p
sfp
sf
202
sf
p dimin.
204
pp

206
208
cresc.
210
p
213
cresc.
f
sf
sf
216
sf
sf
ff
Ped.
219
sempre ff
Ped.

221
Ped.
Ped.
223
Ped.
Ped.
225
227
Ped.
229
Ped.
231
Ped.

233
Ped.
sempre Ped.
235
ri - - - - - tar - - - - dan - - - - do adagio
p dimi- - - - - - nu - - - - - en - - - - do
pp p
sempre Ped.
Ped.
Più allegro
239
ff
p
241
cresc.
sf
244
sf
sf

247
sf
sf
sf
250
sf
sf
sf
sf
253
sf
sf
sempre più f
256
ff
f
p dimin.
p dimin.
ff
Ped.
258
260
pp
più piano
ppp

Andante con moto
p e dolce
sfp
9
rinf.
cresc.
p
16
p
23
1.
2.
p cresc.
28
f
p
1.
2.

33
p sempre ligato
sfp
38
1.
2.
42
cresc.
rinf.
47
p
1.
2.
sf
sf
50
sf
f

53
sf
sf
f
56
sf
sf
sf
f
59
sf
sf
62
f
sf
65
sf
sf
68
cresc.

71
ff
sf
dolce
sf
sf
74
sf
sf
77
cresc.
sf
sf
ff
f
80
dimin.
p dolce
85
sfp
92
cresc.
rinf.
p dim.
pp
secco
ff
Ped.
arpeggio
attacca l'Allegro

Allegro ma non troppo
ff
p
Ped.
8
cresc.
f
14
dimin.
19
pp
24

cresc.

59
sf
64
68
72
cresc.
sfp
77
sfp
sfp
cresc.
82
dimin.
sfp

88
sfp
sfp
cresc.
93
dimin.
f
98
sf
f
sf
103
sf
sf
108
sf
sf
ff
Ped.
113
dimin.

118
la seconda parte due volte
pp
cresc.
123
sf
sf
dimin.
p
128
133
138
f
sfp
143
sfp
sfp
sf
sempre f
sf

148
sf
sfp
sfp
sfp
153
sempre f
sf
sf
158
più f
163
ff
168
174
8
ff
Ped.

180
ff
p
Ped.
186
dimin.
sempre pp
sempre Ped.
193
200
pp
212
217
sf
cresc.

222
rin - for - zan - do
227
p
sf
232
cresc.
sf
237
sf
p
242
sf
247
sf
f

251
sf
256
260
264
cresc.
268
sfp
sfp
sfp
273
cresc.
dimin.

278
sfp
sfp
sfp
283
cresc.
dimin.
288
f
sf
f
293
sf
sf
298
sf
1.
cresc.
ff
Ped.
303a
dimin.

300b
2.
sempre più allegro
sf
sf
piu f
305
Presto
ff
sf
p
311
1.
2.
3
f
f
ff
sf
318
p
325a
1.
2.
f
f
sf
329
sf

333
più f
sf
337
sf
341
ff
sf
346
sf
cresc.
351
sf
ff
Ped.
356

Der Gräfin Therese von Brunsvik gewidmet

Sonate

pour le pianoforte

Op. 78.
1809

22
cresc.
te - nu - te
25
f
f
tr
28
[p] dolce
31
f
sf
p
f
sf
p
35
p
p
38a
1.
p
2.
p

39
cresc.
dim.
p
pp
43
f
f
46
49
cresc.
52
ff
56
dim.
[p]
leggiermente

62
f
ff
67
p
f
p
f
p
f
p
74
cresc.
sf
p
sf
sf
79
82
cresc.
te - nu - te
85
ff
f
tr
3
p dolce

88
f
sf p
92
f
sf p
95
p
98
cresc.
101
f
p
p
104
f
1.
p
2.

Allegro vivace

40
pp
f
46
51
dim.
57
ff
p
Ped.
62
cresc.

67
f
p cresc.
f
72
ff
Ped.
78
p
83
pp
89
f
p
f
p

97
pp
cresc.
103
108
113
dim.
p
ff
Ped.
118
p
ff
Ped.
p

123
cresc.
f
128
p cresc.
f
133
ff
Ped.
138
p
143
più p
148
pp
f
p

154
f
p
pp
161
cresc.
168
f
sf
dim.
p
175
pp
cresc.
Ped.
f
179
f

The Critical Notes which belong to this Urtext edition are available at www.koenemann.com

H-1093 Budapest, Vámház krt. 5.
Responsible co-editor: Tamás Zászkaliczky & István Máriássy
Engraved by Kottamester Bt., Budapest

K 108&109

Distributed worldwide by Tandem Verlag GmbH
Im Mühlenbruch 1, D-53639 Königswinter

Printed in EU

ISBN 3-8331-1328-6

IN DIESER REIHE ERSCHEINEN:
ADDITIONAL TITLES AVAILABLE IN THIS SERIES:
DANS CETTE SERIE:

Bach, J.S.:
Das wohltemperierte Klavier I
ISBN: 3-8331-1321-9
EAN: 9783 8331 13215

Mozart:
Sonaten I
ISBN: 3-8331-1343-X
EAN: 9783 8331 13437

Debussy:
Children's Corner & Individual Pieces
ISBN: 3-8331-1334-
EAN: 9783 8331 13

Bach, J.S.:
Das wohltemperierte Klavier II
ISBN: 3-8331-1322-7
EAN: 9783 8331 13222

Mozart:
Sonaten II
ISBN: 3-8331-1344-8
EAN: 9783 8331 13444

Beethoven:
Sonaten I
ISBN: 3-8331-1326-
EAN: 9783 8331 13

Bach, J.S.:
Englische Suiten
ISBN: 3-8331-1323-5
EAN: 9783 8331 13239

Mendelssohn-Bartholdy:
Lieder ohne Worte I
ISBN: 3-8331-1340-5
EAN: 9783 8331 13406

Beethoven:
Sonaten II
ISBN: 3-8331-1327-
EAN: 9783 8331 13

Bach, J.S.:
Französische Suiten
ISBN: 3-8331-1324-3
EAN: 9783 8331 13246

Mendelssohn-Bartholdy:
Lieder ohne Worte II
ISBN: 3-8331-1341-3
EAN: 9783 8331 13413

Beethoven:
Sonaten III
ISBN: 3-8331-1328-
EAN: 9783 8331 13

Bach, J.S.:
Inventionen, Sinfonien, kleine Präludien und Fughetten
ISBN: 3-8331-1325-1
EAN: 9783 8331 13253

Mendelssohn-Bartholdy:
Lieder ohne Worte III
ISBN: 3-8331-1342-1
EAN: 9783 8331 13420

Beethoven:
Sonaten IV
ISBN: 3-8331-1329-
EAN: 9783 8331 13

Chopin:
Études
ISBN: 3-8331-1330-8
EAN: 9783 8331 13307

Schumann:
Album f. d. Jugend /
Kinderszenen
ISBN: 3-8331-1348-0
EAN: 9783 8331 13482

Musorgsky:
Sämtliche Klavierwerke
ISBN: 3-8331-1345-6
EAN: 9783 8331 13451

Chopin:
Nocturnes
ISBN: 3-8331-1331-6
EAN: 9783 8331 13314

Grieg:
Lyrische Stücke I
ISBN: 3-8331-1337-5
EAN: 9783 8331 13376

Joplin:
Ragtimes
ISBN: 3-8331-1339-1
EAN: 9783 8331 13390

Chopin:
Valses
ISBN: 3-8331-1332-4
EAN: 9783 8331 13321

Grieg:
Lyrische Stücke II
ISBN: 3-8331-1338-3
EAN: 9783 8331 13383

Spirituals
ISBN: 3-8331-1349-9
EAN: 9783 8331 13499

Schubert:
Klavierstücke,
Impromptus,
Moments musicaux
ISBN: 3-8331-1347-2
EAN: 9783 8331 13475

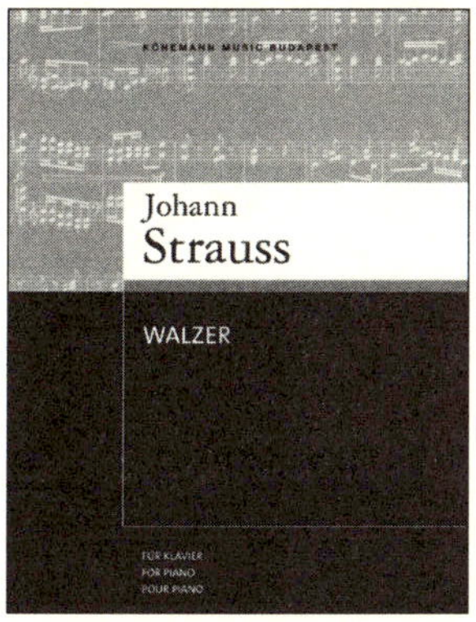

Strauss:
Walzer
ISBN: 3-8331-1351-0
EAN: 9783 8331 13512

Alte Tänze
ISBN: 3-8331-1350-2
EAN: 9783 8331 13505

KÖNEMANN MUSIC BUDAPEST

DISTRIBUTED WORLDWIDE BY
TANDEM VERLAG GMBH · IM MÜHLENBRUCH 1 · D-53639 KÖNIGSWINTER